1893

RÉPUBLIQUE FRANÇAISE

CAHIER
D'UN ÉLECTEUR

PAR LE DOCTEUR LOUMAIGNE

De RISCLE (Gers).

TARBES

IMPRIMERIE ÉMILE CROHARÉ, PLACE MAUBOURGUET

1893

RÉPUBLIQUE FRANÇAISE

CAHIER

D'UN ÉLECTEUR

PAR LE DOCTEUR LOUMAIGNE

De RISCLE (Gers).

TARBES

IMPRIMERIE ÉMILE CROHARÉ, PLACE MAUBOURGUET

AVANT-PROPOS

A Messieurs les Délégués au Congrès Républicain de Mirande

Tenu le 5 Mars 1893.

MES CHERS COMPATRIOTES,

Vous avez, dans ce Congrès, pris tout le temps et toutes les précautions possibles.

Vous y avez presque tous exposé nettement vos revendications et vous avez exigé des candidats des déclarations particulièrement détaillées, particulièrement explicites.

Avant la clôture, nous avons d'ailleurs été libéralement conviés à questionner ces derniers, pour supplément d'information et de lumière.

Ayant préalablement abusé de la parole, je n'ai pas cru devoir prendre part à cette conversation.

Aujourd'hui que je n'ai plus contre moi la montre de M. le Président, je me rattrape et viens vous exposer, sur certains points, ce que je pense des hommes et des choses.

Je puis le faire sans crainte de vous irriter et de m'imposer; car si vous avez été condamnés à m'entendre, vous n'êtes pas obligés de me lire.

D^r L.

Ce que doit être le Suffrage universel.

Le Suffrage universel est la source du pouvoir dans une démocratie et son autonomie ne peut souffrir de partage. De là dérive forcément la forme républicaine du gouvernement.

Son autorité n'en a pas moins à subir un apprentissage, une évolution, et ceux qui le comprennent et l'admettent doivent faire tout leur possible pour le débarrasser des maires du palais qui veulent exploiter en lui un roi fainéant.

Je ne pense pas qu'il faille compter, pour l'émanciper, exclusivement, sur l'instruction. Il est même bon de se demander si l'instruction primaire, la seule longtemps encore à la portée du plus grand nombre, joue un rôle efficace dans l'éducation du Suffrage universel. Sans doute, l'électeur, passant par l'école primaire, peut faire son bulletin et se soustraire à l'inquisition d'un tiers, ce qui n'est pas à dédaigner. Mais son discernement ne sera pas sensiblement accru et un autre danger le guette. Le journal, l'imprimé, la réclame, qui lui tombera ôu qu'on lui glissera dans la main, aura sur son esprit désarmé une influence d'autant plus fâcheuse que la rédaction en sera plus perfide. Or, il semble naïf d'espérer que la bonne foi devienne jamais le culte de la presse et la ressource capitale des candidats.

Tout le monde comprend et répète que seuls des hommes indépendants et désintéressés, simples contribuables ne briguant ni emploi ni honneur, peuvent éclairer les masses et les défendre contre les traquenards des politiciens. Pourquoi ne se lèvent-ils pas, pourquoi ne parlent-ils pas ? Pourquoi se croiser les bras en répétant d'un air de profondeur : « Nous en serons toujours à l'ôte-toi de là, que je m'y mette. »

Parce que le désintéressement et l'abnégation ne guident pas souvent les candidats, je ne vois pas qu'il soit habile de se réfugier misérablement dans le rôle de taillable et de corvéable. La critique à la cantonade ne vaut rien : il faut aller droit au public et faire sentir au corps électoral la bassesse de l'abdication ou le ridicule de l'emballement.

C'est surtout en période électorale et dans le choix même des candidats que le Suffrage universel doit se montrer jaloux de ses droits.

Le maître sera bien servi, s'il sait bien commander.

Le plus grand tort d'un électeur, la plus fausse manœuvre d'un candidat c'est de n'envisager le mandat législatif qu'au point de vue de sa circonscription et des questions locales.

Quand il s'agit de la chose publique, il faut remuer des idées, et non point des haines et des intérêts de clocher; il faut viser l'intérêt général et non point des calculs particuliers.

Avoir sur les questions à l'ordre du jour un programme net et l'imposer.

Malgré des utopies et de folles revendications, cette méthode impérative sert admirablement la classe ouvrière.

L'organisation des socialistes devrait faire réfléchir tout homme politique; car il n'est point vrai qu'elle soit stérile.

Ce n'est peut-être pas bien spontanément que nos honorables ont discuté les lois relatives aux syndicats, aux questions d'hygiène, du travail des femmes et des enfants, des caisses ouvrières, de la retraite des invalides du travail, d'assistance médicale, etc., etc.

Non point que pour être généreux et philanthrope il soit nécessaire d'être enrôlé dans le quatrième état ou une secte quelconque fût-elle secrète, mais chacun sait que les dispositions individuelles comptent peu dans les assemblées, et toute mesure allant contre les conceptions sociales généralement reçues, disons le mot, contre les privilèges dont jouissent les représentants des milieux fortunés, n'aboutit que si la propagande faite au dehors amène, chez nos législateurs, un état d'esprit approprié.

Il est temps d'opposer programme à programme et non point personne à personne ; il est temps d'étudier les diverses revendications qui s'élèvent tumultueuses dans la presse et le public; il est temps pour ceux qui estiment que la liberté de conscience, le mérite individuel, l'autorité paternelle, la solidarité des forts et des faibles, des riches et des pauvres sont les grands biens que la loi doit assurer ; oui, il est temps pour eux de se lever, de s'entendre, de s'unir et de combattre.

Le succès d'un ami dans une circonscription, l'échec d'un adversaire malfaisant c'est un *desideratum* des plus légitimes. Je ne vois pas là une raison suffisante pour ne pas établir un programme net; je pense au contraire que formuler des idées justes, présenter, dans un texte clair, des mesures d'intérêt général, s'expliquer sur les questions à l'ordre du jour est le vrai moyen de vaincre aujourd'hui et de vivre demain.

Assez de ces luttes personnelles et tapageuses qui amusent et abusent la galerie.

Demandons-nous seulement quels sont les moyens les plus efficaces pour empêcher le retour des abus dont nous sommes les témoins, pour assurer la réalisation de nos besoins légitimes et la solution équitable des questions qui s'agitent.

Je commence par la plus urgente, la détermination du mandat de député.

Du Mandat à la Députation.

On dit parfois qu'un peuple a le gouvernement qu'il mérite : c'est au moins vraisemblable avec le Suffrage universel.

Le premier de ses soins, son intérêt évident c'est d'exiger que tout mandataire se consacre exclusivement à son mandat, que, sous couleur de défendre l'intérêt public, il n'en fasse pas un instrument de fortune personnelle et de favoritisme.

Il ne faut pas se laisser séduire par les discours et les protestations d'un candidat : ce n'est pas son talent qui est une garantie, il n'en offre pas d'autre que sa moralité.

Autant vaut l'homme privé, autant vaudra l'homme public.

Une bonne loi doit empêcher le marchandage dont nous sommes souvent témoins et parfois victimes.

Le fonctionnarisme, la vénalité, le népotisme et le cumul menacent de tout gangréner. Pour arrêter le mal, les électeurs doivent recourir au fer rouge de l'incompatibilité.

Que le député soit et reste exclusivement député, qu'une candidature, qu'un mandat acquis ne puisse pas servir d'appui à son ambition et à la rapacité de sa famille et de quelques amis.

Pour assurer le bon recrutement de la députation, la France doit se soustraire à toute spéculation et par contre payer convenablement ses représentants, afin que ceux qui ont une situation lucrative la quittent sans regret et que ceux qui n'ont pas de fortune personnelle puissent faire à Paris honorable figure.

Il serait désirable que le corps électoral sut exiger des candidats la promesse de présenter et de voter une loi se rapprochant de celle que je me permets de libeller :

Loi sur l'obtention et l'exercice du Mandat de Député.

Art. Ier.

Le Député est un fonctionnaire nommé par le Suffrage universel.

Il se doit tout entier à son mandat. Sa présence à la Chambre est obligatoire pendant toute la durée des travaux législatifs.

Il ne peut ni voter ni faire voter par procuration.

Une absence de quinze jours, sans congé régulier, entraîne la déchéance, à moins qu'il y ait cas prouvé de force majeure.

Art. II.

Les fonctions de député sont incompatibles avec toutes autres rétribuées par l'Etat, par le public, par les sociétés financières, par les journaux politiques.

Dans ces diverses espèces, le concours du député ne peut être que gratuit : le paiement réclamé ou accepté entraîne la déchéance et l'inéligibilité définitives.

Art. III.

Sont éligibles tous les citoyens nés français, dans les conditions ci-dessous énumérées :

1º Depuis l'âge de vingt-cinq ans;

2º Ayant satisfait aux conditions normales de tirage au

sort et d'enrôlement sous le drapeau, sauf cas de réforme régulièrement prononcée;

3° N'ayant occupé aucune fonction rétribuée par l'Etat depuis au moins trois mois avant le scrutin;

4° N'ayant jamais cessé de jouir de tous les droits civils et politiques.

Art. IV.

Nul candidat, nul député ne peut occuper aucun emploi rétribué par l'Etat dans les deux années qui suivent la déclaration de candidature ou l'exercice du mandat de député.

Art. V.

Le Député ne doit connaître que les intérêts collectifs. Il ne donnera suite à une demande individuelle que sous forme de pétition à déposer sur le bureau de la Chambre.

La preuve faite de la demande à un ministre, ou autre détenteur du pouvoir, d'une faveur pour un particulier, telles que obtention d'un emploi, d'un avancement, d'une décoration, etc., entraînera la déchéance du député auteur de cette demande. Il restera inéligible pendant quatre ans.

Art. VI.

Les cartes de circulation gratuite mises par les compagnies à la disposition des députés sont supprimées.

Art. VII.

Les émoluments du Député sont fixés au chiffre de vingt mille francs par an.

L'invalidation entraîne la perte de tout droit à l'indemnité parlementaire.

La question sociale.

Gambetta a dit un jour : « Il n'y a pas de question sociale, il n'y a que des questions sociales. »

Mais n'y a-t-il pas une question qui domine les autres, méritant plus spécialement le nom de question sociale ? Je réponds oui, et cette question éternelle et insoluble est celle de l'*inégalité des conditions humaines*, créant des maîtres et des serviteurs, des employés et des employeurs. Voilà le levain de toutes les révolutions passées, présentes et futures.

En bas c'est la lutte contre la misère, en haut c'est la lutte pour les jouissances.

En somme, c'est la question du bien-être pour chacun.

Et dans certains cerveaux en fermentation, dans certains cœurs généreux, c'est l'égal bien-être pour tout le monde et par tout le monde.

Socialisme, collectivisme, communisme, ce sont les noms de diverses écoles qui ont l'ambition de réaliser la formule par des procédés différents.

Ce qu'il y a de décevant dans ces théories, de menteur chez leurs apôtres, nous ne voulons pas le discuter. Là comme ailleurs, il y a des professeurs qui vivent aux dépens des élèves et mènent joyeuse vie en promettant aux miséreux plus de viande que de pain.

La mine au mineur, l'outil à l'ouvrier, la terre au paysan, voilà la panacée.

Mine, terre, usine sont des moyens de production aléatoire et temporaire, ne pouvant donner ni la sécurité du gain, ni la continuité du pain.

Le canut est propriétaire de son métier, mais le jour où s'arrête la vente des soieries, qu'a-t-il à mettre dans son pot-au-feu ?

Abandonnés à leurs outils ou à tel coin de terre maudite, on aurait vite réussi à faire des paysans et des ouvriers, ainsi groupés, de simples groupes d'affamés.

A voir les utopies et les faux prophètes de ce socialisme, faut-il se contenter de détourner dédaigneusement la tête ?

Parce que des hommes plus ou moins sincères demandent l'impossible, qu'on ne se refuse pas à chercher et à donner le possible.

De même que le sang du martyr, la sueur de l'ouvrier est féconde et son abandon crie vengeance.

Dans un pays où s'étale le plus grand luxe, où tant d'oisifs ont du superflu, il faut une législation qui assure au travailleur le nécessaire.

Trois choses sont indispensables et suffisantes : la nourriture, le vêtement et le logement. La société les doit à l'être irresponsable que l'âge et les infirmités trahissent.

En cas de maladie ou d'impotence, l'assistance doit être absolument assurée sur tout le territoire. Il faut créer des refuges cantonaux, en attendant qu'on puisse ériger un hôpital dans chaque commune.

On a proposé avec raison de dériver, au profit de cette création, l'héritage après le quatrième degré.

L'héritage, en effet, ne doit exister que pour étayer la famille et en fortifier le respect, et non point pour élever du jour au lendemain au *far niente* des étrangers dont les adulations et les vices sont la plupart du temps les moyens de captation.

L'intérêt public doit ici primer les spéculations particulières et la libre disposition individuelle.

De ce chef se créerait bien vite une caisse de secours d'Etat qui, avec les contributions départementales et communales, couvriraient la France entière d'asiles nationaux.

Dans ces asiles seraient recueillis non seulement les malades indigents, mais encore tous les infirmes sans moyens d'existence, ces aveugles, ces mutilés, ces paralysés, ces vieillards décrépits qui nous tendent pitoyablement la main. Pour un pays fier de sa civilisation et de sa fortune, je trouve que c'est du dernier malpropre de les laisser errer péniblement sur les chemins, en attendant qu'une mort hideuse les frappe dans un grenier ou dans un fossé.

Que faites-vous, représentants de la dignité de la France et de la solidarité démocratique, quand vous oubliez de semblables infortunes.

Et l'enfant, cette intéressante victime du hasard de la naissance, ne mérite-t-il pas d'être protégé ailleurs qu'en nourrice ?

Tant qu'il n'a pas les 12 ans qui lui permettent de prendre son essor, de n'être plus soumis à l'obligation scolaire, il convient de s'occuper de son existence et de son éducation. Vous lui avez dit avec raison : « Tu ne travailleras pas parce que tes membres sont trop grêles, tu iras à l'école parce que là tu trouveras les notions indispensables qui permettront de te verser dans la société avec utilité et sécurité. » Ajoutez donc ceci : « Si ton père ne peut te procurer le vêtement et le pain, on te les donnera gratuitement, en même temps que l'instruction. Tu trouveras à côté de l'école un réfectoire avec du pain et de l'eau potable, un magasin avec le vêtement et la chaussure. » Il serait bien bon qu'il y trouve aussi, en dehors des heures de classe, jusqu'à l'heure où le père quitte l'atelier et le chantier, la surveillance d'un maître qui lui fasse faire ses devoirs et le tire de l'isolement et du désœuvrement de la rue.

Si jamais on établit l'impôt sur le revenu, je ne lui connais pas de destination meilleure. Ceux qui ont trop donneront aux enfants qui n'ont rien.

A l'ouvrier valide, il ne suffit peut-être pas non plus de dire : « Travaille ! » ; il y a des mesures à prendre pour s'assurer que l'air des logements imposés par le maître, le patron et le propriétaire est suffisant et respirable, pour empêcher la sophistication de ses aliments et de sa boisson. Le parlement devrait aussi faire aboutir la loi qui peut lui procurer une retraite par les versements simultanés de l'ouvrier et de son maître.

A chacun de s'intéresser et de se mêler à son existence pour empêcher les démagogues de le séparer de ses concitoyens, en le confinant et le confirmant dans ce rôle de quatrième Etat, dans cette organisation de force ennemie prête à se ruer sur la société.

Aux chapitres consacrés à l'enseignement et à l'agriculture, nous soumettrons à nos lecteurs deux idées d'application facile qui, inspirées par un sentiment de justice, donneraient aux ouvriers de larges satisfactions et, à tout le monde, un vrai profit. L'une est relative aux bourses, l'autre aux maisons ouvrières.

Question religieuse.

Cette question, qui passionne tant d'esprits, est digne d'une attention toute particulière, parce qu'elle est une de ces forces ou de ces infirmités de la nature humaine qu'aucun décret, qu'aucune loi, qu'aucune volonté n'arrivera à supprimer.

Commode pour les agitateurs qui s'adressent aux foules ignorantes et passionnées, elle est pour la plupart des candidats un instrument de haine et de division, et un thème tout prêt à diversion.

C'est comme le socialisme, on veut s'en servir plutôt que le servir.

Ce sont là matières à programmes et à réclames, mirage pour les foules, tremplin pour les partis.

Que de juifs et même de protestants seraient vraiment désolés qu'il n'y eût pas cette fameuse question cléricale qui met les catholiques à l'index, ce qui leur permet d'occuper, sans conteste, la plupart des hauts emplois. J'imagine que beaucoup de ceux qui crient le plus ne voudraient pas d'une solution capable de faire la paix et le silence. Que deviendraient tous ces aigrefins si, comme aux Etats-Unis, chacun pouvait croire ou ne pas croire, pratiquer ou ne pas pratiquer. sans qu'il en résultât la moindre difference, sans qu'il y eût de ce fait, pour occuper tout emploi public, ni une cause de recommandation, ni une cause d'exclusion.

J'entends bien que, dans la république américaine, il y a séparation absolue de l'Eglise, mais il y a en même temps liberté absolue. Cette situation ne manque pas de logique et je ne vois pas pourquoi on ne viserait pas, pour la France, une solution équivalente. Il n'y a qu'à vouloir et à chercher de bonne foi une transition pratique.

S'il ne s'agissait que de défendre la situation du clergé, il n'y aurait peut-être pas à rompre beaucoup de lances, son esprit de corps et son attitude entrant pour beaucoup dans les haines actuelles. Il trouverait plus de défenseurs, s'il n'avait pas trop souvent oublié, à travers les siècles, que *le Maître était venu pour relever les humbles.*

Mais dans la bataille éternelle que se livrent les sectateurs de toute école, il y a une question des plus hautes qui intéresse l'avenir et la marche des sociétés, et on peut dire, sans exagération, que la civilisation en est l'enjeu.

Un fait s'impose, c'est que le degré de développement d'un peuple est partout lié à son histoire religieuse.

Voyez, dans l'antiquité, l'Egypte et la Judée; dans les temps modernes, ces vastes contrées habitées par les musulmans. Ces civilisations sont ce qu'elles sont par la théocratie.

Chez ces peuples, l'évolution est intimement liée à la Religion. A des degrés divers, le même phénomène se retrouve partout et le niveau intellectuel suit les oscillations du niveau moral.

Il baisse chez les sauvages en proportion de la grossièreté de leur fétichisme, il s'élève dans les pays chrétiens en même temps que l'idéal religieux.

Qu'on le veuille ou non, l'ensemble des idées qui constituent l'honneur, le degré de délicatesse de ce ressort qui s'appelle la conscience, même chez le sceptique, même chez l'athée, c'est la résultante de conventions sociales dérivant des traditions religieuses autant que de la nature humaine. Ce mélange constitue comme une atmosphère que tout le monde respire inconsciemment.

Le cerveau de l'enfant s'y imprègne de bonne heure, pour le reste de ses jours. Quelle que soit l'invraisemblance du dogme qu'acceptera plus tard fort mal son esprit éclairé, il garde, de l'enseignement religieux, la forte empreinte de la loi morale.

Les natures incultes trouvent dans les commandements de Dieu un point d'appui pour le bien, un bouclier contre le mal.

Chacun doit se pénétrer de l'idée de ne point amener une situation assez ridicule pour qu'un nouveau Robespierre ait à escalader la tribune afin de demander la résurrection du culte de l'Etre suprême.

La Religion doit être mise et laissée à sa place et non point devenir la plate-forme des partis.

Il ne faut pas que la Société se divise en deux camps, l'un clérical, l'autre anti-clérical, *tous les deux haineux et intolérants*.

Le mal qui en sortira est facile à voir et non point le bien.

Supposons l'idée religieuse et l'idée de Dieu rayées de l'esprit humain, en quoi serons-nous plus avancés ? Quelle est l'amélioration sociale rendue plus facile ? Quel affamé de plus aura son couvert mis ?

Des esprits positifs et indépendants peuvent regretter que l'enseignement moral relève de l'enseignement religieux. Après avoir retourné la question, les hommes les plus éclairés, les écrivains les plus éminents et les plus contemporains se contentent d'appeler une religion nouvelle dont le dogme fortement élagué céderait la plus grande partie du terrain à la morale.

Vœu de philosophe auquel la loi ne peut rien et dont la réalisation ne saurait être que l'œuvre du temps.

Le positivisme ne moralisera jamais les masses. De toute la science de Darwin, elles ne sauraient dégager que le sentiment de l'irresponsabilité. La bête humaine ne se découvrirait que des sens et un estomac à satisfaire. La force brutale serait la dernière comme elle a été la première idole de la civilisation.

Ne connaissant plus le remords, Caïn tuerait encore son frère et le tuerait en toute tranquillité.

La masse des travailleurs, trouvant le drapeau rouge pâle, le remplacerait par le drapeau noir avec la formule de Blanqui : « Ni Dieu, ni maître ! »

Alors commencerait la revanche de Ravachol.

Le bien commun, l'avenir de l'humanité commandent le maintien de l'idéal religieux.

La loi n'a donc plus qu'à assigner leur place au culte et à ses ministres. Voyons comment.

Le concordat ou la séparation de l'Eglise et de l'Etat sont à l'ordre du jour. Il convient que chaque candidat explique ses vues sur *l'une et l'autre* de ces solutions, sans toujours servir les clichés qui courent les journaux et les réunions publiques, clichés qui n'ont généralement pas l'ombre du sens commun.

Le curé-fonctionnaire, l'évêché concordataire ont fait leur temps.

Un peu de logique et de crânerie.

De deux choses l'une : ou l'Etat considère que la religion et ses ministres s'imposent à lui comme institution sociale, ou il pense qu'il n'a rien à faire dans ce domaine de la conscience.

Dans le premier cas, il doit en assurer l'existence par des mesures larges et tolérantes et non par une immixtion tracassière.

Dans le second, il n'a qu'à prendre des mesures d'ordre public et de liberté.

Etant pour cette seconde solution, voici, dans un texte de loi, comment je comprendrais la séparation et les garanties de transition :

Art. Ier.

Les divers cultes actuellement subventionnés par l'Etat sont placés sous le régime du droit commun. L'entretien des édifices qui leur sont consacrés et le paiement des ministres qui y sont attachés seront désormais à la charge des adhérents. Ils nommeront et organiseront eux-mêmes la Commission chargée de la gestion des fonds et des biens y affectés.

Art. II.

Le fonds social ne peut avoir d'autre destination. Tout achat, tout versement impliquant un détournement est de nul effet. Le recours comme d'abus peut être exercé à la diligence des intéressés, des commissions spéciales et du ministère public.

Art. III.

Les édifices consacrés au culte et au logement de ses ministres ne sont aliénables que sur l'initiative des commissions d'administration régulièrement instituées. Le remploi des fonds ne pourra servir qu'au remplacement des dits immeubles.

Art. IV.

Le culte extérieur est aboli.

La liberté du culte dans l'intérieur des édifices religieux est assurée par des mesures d'ordre prises par ses ministres et l'assistance de la force publique réclamée par eux, dans le cas de trouble ou de violence.

Art. V.

L'Etat, les départements et les communes font présentement remise des édifices consacrés au culte, des habitations affectées au logement de ses serviteurs, aux fabriques, consistoires et autres commissions régulièrement instituées, dans chaque localité, par les adhérents inscrits et payant cotisation.

L'entretien et le remplacement de ces édifices resteront à leur charge.

Art. VI.

Les ministres attachés au culte devront être citoyens français, nés français.

Art. VII.

Par mesure transitoire, tous ceux d'entr'eux qui sont présentement en fonction continueront à recevoir, pendant cinq ans, le traitement qui leur est actuellement alloué par l'Etat.

Ceux qui ont atteint soixante ans recevront, sur leur demande, et leur vie durant, une pension de cent francs par mois.

Art. VIII.

La nomination et le déplacement des ministres des différents cultes appartiennent aux autorités religieuses constituées selon les rites de chaque culte.

Questions d'Enseignement.

Je ne m'occuperai pas de l'enseignement primaire que la loi me paraît avoir réglée au mieux des intérêts du pays, à condition qu'on en bannisse tout esprit sectaire, que l'instituteur reste libre dans son domaine et que lui-même respecte l'éducation de famille.

Ce que je vais dire s'applique à l'enseignement secondaire

et supérieur, aux carrières qu'il ouvre, à la façon dont on peut y être appelé ou en être exclu.

Il faudrait voir dans le ministère de l'instruction publique autre chose qu'un instrument de domination sur la société.

L'université, dans l'esprit autocratique de son fondateur, devait réaliser cette pensée.

Un citoyen libre ne peut admettre que l'Etat et l'Eglise se disputent nos enfants comme chose leur appartenant

Ils appartiennent tout simplement à leurs parents, non seulement de par la nature, mais aussi de par la loi qui établit leur responsabilité pécuniaire et criminelle.

Je ne comprends pas un père et une mère dépouillés de la direction du cœur et de l'esprit de leurs enfants.

J'en veux conclure que l'Etat ne peut s'arroger le droit de faire supporter à l'enfant les conséquences de milieu et de qualité de l'éducation voulue par l'autorité paternelle.

L'une des menaces les plus haïssables de l'esprit sectaire, c'est d'aspirer à évincer des concours et des emplois publics quiconque n'aura pas été élevé par l'Etat et embrigadé par le fonctionnarisme.

La seule chose juste, c'est la généralisation des concours sans tri, sans autre élimination que l'incapacité pour l'obtention de tous les emplois publics.

Un dossier politique pour un jeune homme de seize à vingt ans est une pure infamie. Ce n'est plus le dossier du jeune homme, c'est le dossier de son père fait par des adversaires et parfois par des délateurs intéressés. C'est l'ostracisme devenant raison d'Etat.

Combien de ministres n'auraient pas pu être nommés facteurs ou cantonniers, si tel préfet avait été chargé du dossier !

Evidemment le gouvernement n'a pas à introduire l'ennemi dans la place, pour être bien servi.

Mais il a d'abord pour lui le choix libre de tous les fonctionnaires purement politiques.

Quant aux autres emplois, demandant des connaissances spéciales que consacrent les examens, s'ils donnent à toute la jeunesse française le droit de les obtenir, il va de soi que l'attitude ultérieure de l'employé doit être celle d'un serviteur et non d'un ennemi du gouvernement.

Rien n'empêche que chaque administration ait à sa tête, dans tous les départements, une commission de surveillance, avec droit de rappel et de mise à pied. L'inamovibilité peut être le privilége de la magistrature, elle ne s'impose pas ailleurs.

Mais qui ne voit et qui ne sait que les fonctionnaires ont trop d'intérêt à se maintenir, pour s'amuser à prendre des attitudes hostiles.

D'autre part n'est-il pas évident qu'un jeune homme, qui pourrait arriver uniquement par son mérite, bénirait la société et le gouvernement qui consacreraient un tel principe d'équité.

Loin de voir là un danger pour la république, on ne peut y découvrir qu'une grande force d'attraction.

L'exclusivisme s'adressant à des adolescents ne se comprend pas; les apôtres de ce système devraient s'apercevoir que c'est là une arme vile et à double tranchant qui tôt ou tard se retournera contr'eux.

Que faut-il en effet pour cela ? Un simple changement de ministère, moins que cela, un simple changement de préfet.

Au reste, on ne constate pas que le personnel, recruté par voie de recommandation et de protection, offre plus de sincérité politique. Et notre département, dans toutes les carrières, fournit des exemples nombreux connus de tout le monde, qui condamnent absolument la sélection pratiquée par les dispensateurs du jour.

Tout plaide en faveur du concours.

Au lieu de reprocher au fils l'attitude du père, au lieu de lui demander qui a payé et fait son éducation, la société devrait demander à l'Etat de quel droit il la donne *gratis* à certains et non à d'autres, de quel droit il classe les boursiers et distribue bourses et demi-bourses.

Ce n'est pas au nom de la Liberté puisqu'il y a favoritisme, ce n'est pas au nom de l'Egalité puisqu'il n'y en a que pour quelques élus, ce n'est pas au nom de la Fraternité puisque la classe ouvrière, de beaucoup la plus nombreuse et ici la plus intéressante, ne connait guère cette denrée.

Quand on a des sentiments démocratiques, on ne peut voir, dans ce fait, que l'une des plus grandes iniquités de notre état social. L'instruction secondaire et supérieure sont les deux portes par lesquelles il faut passer pour avoir accès aux carrières libérales et à tous les hauts emplois. Le coût en fait le monopole des gens fortunés : Le prolétaire ne passe pas par là.

Que de grandes intelligences, que de forces puissantes sont ainsi annihilées.

L'Etat peut apporter un correctif à tant d'injustice. Il n'a qu'à *réserver exclusivement les bourses au prolétariat.* Il en tirera d'ailleurs le plus grand profit, si, au lieu de faire suivre les cours de l'enseignement secondaire à ses boursiers, il les répartit entre des établissements spéciaux, susceptibles de préparer des praticiens émérites pour les diverses carrières industrielles, commerciales, agricoles, coloniales qui utiliseraient ces intelligences au mieux des intérêts et de l'avenir du pays. Les jeunes gens ainsi formés, loin d'encombrer les boulevards des grandes et petites villes, continueraient, dans une nouvelle sphère, les traditions de travail à la fois manuel et intellectuel dont ils auraient reçu les premiers exemples dans le milieu ouvrier où ils se recruteraient. Ils ne rougiraient pas de leurs parents dont ils deviendraient le soutien et l'orgueil. Il y aurait, dans notre belle France, un peu plus de lumière et un peu plus de justice. Le prolétariat ne sentirait plus peser sur l'avenir des siens comme une malédiction de paria ; notre société deviendrait habitable pour lui.

Sans trop d'espoir d'entamer l'égoïsme des heureux qui possèdent, je risque encore un texte de loi (pour mes lecteurs).

Loi sur l'obtention des bourses.

Art. Ier.

L'Etat, le département et les communes ne peuvent octroyer des bourses qu'aux conditions suivantes :

Elles sont données au concours, avec classement définitif par le jury, à l'issue même des examens.

Elles sont exclusivement réservées aux enfants dont les parents sont absolument sans fortune et vivent de leur travail au jour le jour.

Le père et la mère, qui auront un emploi fixe leur assurant cent francs par mois, n'auront point le droit d'en faire bénéficier leurs enfants.

Art. II.

Toutes les bourses sont entières, trousseau et frais de voyage compris.

Art. III.

Elles sont obtenues par le concours à deux degrés : la première épreuve, éliminatoire, a lieu au chef-lieu de canton et donne un candidat par mille électeurs inscrits.

La seconde épreuve réunit tous ces admissibles au chef-lieu du département. La tête de liste de ce second examen donne autant d'admis qu'il y a de bourses disponibles.

Art. IV.

Ces boursiers sont répartis entre tous les établissements d'enseignement professionnel préparant aux carrières industrielles, commerciales, agricoles et coloniales.

Art. V.

Tous les boursiers qui, à la fin de ces études, obtiendront le diplôme spécial recevront, pendant deux ans, dès leur sortie de l'école, une pension de 1,200 francs payable par trimestre.

Question financière.

Thiers disait que les meilleurs des impôts sont ceux qui existent. Ce grand financier voulait indiquer par là la difficulté de les remplacer. L'aventure récente de la réforme de l'impôt des boissons lui donne absolument raison.

Le budget est pour la nation la vie de tous les jours. Son équilibre n'admet pas les expériences, et puisque les réformes partielles font perdre tant de temps sans aboutir, comment admettre qu'il soit jamais fait une refonte, une réforme du bloc.

En cette matière espérons peu, parce qu'il nous sera accordé bien peu.

Mais la fortune publique dépend de bien autre chose que de la répartition de l'impôt et ici nous devons réclamer des mesures urgentes de sécurité et de salubrité que je résumerai par un mot : guerre à l'agiotage.

Les finances de l'Etat et l'épargne française doivent être mises hors de la portée des loups-cerviers de la spéculation, et l'une des monstruosités de notre époque, c'est d'entendre, à la tribune, un ministre invoquer, pour sa défense, le principe de cette solidarité ; c'est de voir ce même homme le pratiquer, en sauvant l'ami Vlasto et le Comptoir d'Escompte, au lieu de faire poursuivre les accapareurs de la *Société des Métaux.*

Il n'y a pas jusqu'au mot *affaire* que les tripoteurs n'aient détourné de son vrai sens. Pour ces malandrins, faire une affaire, c'est prélever une rançon sur le travail d'autrui et vous les entendez dire avec cynisme : « Les affaires, c'est l'argent des autres. »

Qu'on licencie, au plus tôt, ce bataillon de la haute pègre qui opère dans la coulisse. Qu'on fasse repasser la frontière à cet escadron volant de rastaquouères interlopes dont Herz, Reinach et Arton sont les héros du jour.

Demandons une loi n'admettant à la cote que les actions et obligations libérées ; loi n'admettant les opérations à terme que sur les fonds d'Etat ; loi chassant de la Bourse tous les marchands et voleurs étrangers ; loi établissant l'inspection financière de toutes les sociétés anonymes dont le papier est admis à la cote ; loi établissant la responsabilité pécuniaire, avec cautionnement, de tout administrateur de société financière anonyme ; loi interdisant toute loterie ; loi n'admettant sur le marché français que les affaires françaises.

Il est temps que la France redevienne la propriété des Français.

Le cosmopolisme et le judaïsme, voilà l'ennemi !

Question agricole.

Qu'avons-nous à attendre des projets de Crédit et d'assurance agricole par l'Etat ?

Agriculteurs, mes frères, si nous en attendons le bien-être, nous attendrons, sous l'orme, bien longtemps.

Le crédit n'est pas tantôt agricole, tantôt industriel, tantôt commercial : c'est toujours le crédit tout court.

M. Méline, dont personne ne conteste la compétence, se garde bien de faire croire à la création d'une caisse où il serait loisible de puiser tout simplement parce qu'on serait agriculteur. C'est là un rêve d'or et les rêves ne sont pas reçus au guichet de la banque, mais si bien les bonnes signatures.

Ces bonnes signatures, M. Méline ne les cherche que dans les bureaux de syndicat se portant forts pour les sociétaires.

Son projet consiste dans la création d'une Société financière, recevant une subvention de l'Etat, avec mission d'escompter le papier agricole.

Mais, disent certains, ce n'est plus cela du tout, il faudrait que tout cultivateur gêné, précisément parce qu'il est dans la gêne, trouve de l'argent à bon marché.

Le sentiment part d'un bon naturel, mais avec les sociétés financières, pas de caution, pas d'argent.

Et s'il est déjà assez malaisé d'organiser et de faire vivre des syndicats qui n'offrent que des avantages et point de risques, on ne peut guère espérer que celui qui en craint la solidarité se porte fort pour le premier venu et devienne caution ou bailleur de fonds.

Le projet Méline ne saurait donner la capacité de remboursement et la facilité de l'emprunt. Il créerait une société financière de plus, dont la durée est des plus problématiques.

Il semble beaucoup plus avantageux pour l'agriculteur

d'avoir son papier escompté par la Banque de France. Elle a les reins solides et, avec elle, pas de crainte de voir sombrer le papier agricole.

L'Etat, au lieu de donner de l'argent, quelque chose comme une aumône de 2 millions, à de nouveaux entrepreneurs financiers, pourrait, sans bourse délier, obtenir de la Banque un délai de six mois pour l'escompte agricole. Un syndicat de bons signataires y puiserait facilement, avec ou sans renouvellement des titres, l'argent nécessaire et à un taux favorable.

Un trop long terme pour le remboursement du papier peut, d'ailleurs, être très préjudiciable au crédit de l'agriculteur, le paysan étant tenté d'oublier l'amortissement et de se servir de ses récoltes réalisées pour les opérations courantes.

Or, si l'emprunt dépend de la solvabilité, le crédit dépend de l'échéance. Deux mots le résument : bonne signature et bonne couverture. La loi ne peut y rien changer.

L'assurance par l'Etat viendrait, il est vrai, augmenter sensiblement la solvabilité de chacun, en lui assurant des revenus. N'est-elle point chimérique ?

Si cette assurance est justifiable pour l'agriculture, elle doit forcément s'étendre à tout le travail national. Elle doit même, en bonne logique, s'étendre au chômage imprévu et forcé. S'il s'agit de sauver des sinistrés, on n'en voit pas de plus malheureux et de plus intéressants que l'ouvrier sans travail, ni gîte, ni ressource, dont les bras sont le seul gagne-pain.

Nous en serions tout de suite à l'Etat-Providence.

Mais soyons égoïstes, n'assurons que les agriculteurs. Je demande lesquels ? Car il y a ceux qui travaillent et ceux qui ne font rien, et ces derniers ne sont pas les moins ardents à réclamer.

Voilà donc l'Etat assurant des revenus à des oisifs, possesseurs du sol par la seule opération du Saint-Esprit.

Où trouver des ressources suffisantes pour renter tout ce monde-là ?

Un petit exemple va faire comprendre ce qu'ont d'aléatoire toutes les évaluations.

Une gelée enlève la moitié de la récolte du vin. La quantité moyenne en France est de 36 millions d'hectolitres dont la vente moyenne est de 30 francs l'hectolitre. Indemnité à distribuer, 30 fois 18 millions, c'est-à-dire la bagatelle de 540 millions, sans compter les frais de toute sorte qu'entraînerait une opération aussi vaste que l'assurance par l'Etat.

Remarquez que tous les autres fléaux annuels, grêle, coulure, mildew, black-rot, sécheresse, inondation, cochylis, etc., etc., resteraient à indemniser. Remarquez que nous ne parlons que du vignoble et que toutes les autres branches de l'agriculture n'auraient pas reçu un sou.

Si la gelée n'est pas annuelle, la plupart des autres fléaux sévissent constamment ; ce n'est pas exagérer de dire que le milliard ne suffirait pas à racheter tous les dégâts.

Les plus ambitieux peuvent donc rêver la création d'une *Mutuelle* par l'Etat. Nous voilà en plein arbitraire : estimation du revenu, degré de sinistralité pour chacun, quantum de la prime, organisation et fonctionnement de l'expertise, etc., sans compter l'obligation pour les prévoyants d'indemniser le voisin imprévoyant. Car chacun sait que, si on ne peut rien contre la grêle, on peut quelque chose contre la gelée, le mildew, le black-rot, la sécheresse, l'inondation, etc. Il ne faudrait pas par exemple qu'il suffise à M. Paul d'entamer ses digues ou de ne point en élever pour être payé des dommages de l'inondation, comme il suffit à certains de mettre le feu à leur maison pour encaisser l'argent des compagnies d'assurance.

Qui serait indemnisé, à coup sûr, c'est ce nouveau régiment de sauterelles... pardon, de fonctionnaires, que je vois surgir aux quatre coins du territoire. Quant aux sinistrés, ne voyez-vous pas partout des mécontents et des jaloux, plus furieux contre l'Etat que contre les intempéries.

Ce que les projets existants ont de bon, c'est qu'il n'en coûterait vraiment pas cher de s'assurer des rentes.

Avec M. Quintaa, quelques centimes additionnels.

Moins que cela avec les farceurs qui composent la députation réactionnaire du Gers. Ces messieurs prennent cent millions de l'impôt foncier et nous les distribuent. Ce n'est pas plus difficile. Comme si ces cent millions n'entraient pour rien dans l'équilibre budgétaire. M. Laffitau, de Lannepax, dans une lettre pleine de bon sens, demande à M. Paul de Cassagnac, qui enquêtait sur la matière, en 1868, de compte à-demi avec son père, il lui demande, avec raison, pourquoi il ne tint alors aucun compte de la proposition d'assurance par l'Etat que lui fit transcrire, à cette époque, ce bon citoyen. Il s'en souvient tout juste six mois avant des élections qu'il redoute, demandant à la République qu'il combat, ce qu'il se garda bien de proposer sous l'Empire qu'il soutenait.

Il me semble, chers électeurs, que le piége est bien grossier.

Soyons assurés que si rien peut être fait, ce sera fait par les soins du gouvernement de la République, comme le ministre de l'agriculture vient de le promettre.

Mais peut-être est-il sage de ne pas trop en attendre, le meilleur des gouvernements, comme la plus belle fille du monde, ne pouvant donner que ce qu'il a.

Sans lâcher la proie pour l'ombre, demandons-lui des améliorations immédiatement réalisables.

Et d'abord, reconnaissons que le gouvernement de la République a beaucoup fait pour l'agriculture : loi sur les syndicats, sur la vente des engrais, champs d'expérience, chaires d'agriculture, tarifs douaniers.

Les champs d'expérience, les écoles d'agriculture doivent être appelés à sortir du domaine purement expérimental pour entrer dans une voie plus pratique, et donner des résultats d'une utilité immédiate et d'application générale. Chacun connaît le rôle des reproducteurs en zoologie comme en botanique. Demandons, pour les besoins de la culture, la création de pépinières et de semis où elle puisse s'alimenter en toute sécurité et aux prix ordinaires : du coup la réfection du vignoble phylloxéré aurait fait un grand pas.

Nous pouvons demander aussi au gouvernement l'application inflexible du tarif maximum à tous les pays dont les provenances tiennent l'agriculture française en échec, pendant que ces mêmes pays ne nous offrent point de compensations suffisantes.

Et les octrois qui n'encaissent que des impôts iniques sur

les aliments, quand donc les fera-t-on tomber ! Il y a trop longtemps que la campagne paie le luxe et le confortable des citadins ; il est temps que ces derniers paient leurs travaux et leurs plaisirs avec l'argent pris dans leur poche. Tel serait un impôt de résidence.

Me voici arrivé à une proposition un peu nouvelle qui assurerait le peuplement et le travail des champs en donnant à nos colons un avantage considérable.

On peut faire que la demeure des familles ouvrières de nos campagnes devienne sacrée. Il n'y a qu'à la rendre inaliénable en la mettant à l'abri de l'hypothèque et de l'expropriation.

Il n'y a qu'à décréter que toute maison ouvrière bâtie sur un lopin de terre n'excédant pas *un hectare* jouira désormais de cette situation privilégiée.

La loi ne saurait avoir un effet rétroactif et les droits actuels des tiers seraient sauvegardés. Mais tout ouvrier qui arriverait à avoir main-levée en payant les hypothèques existantes, arriverait en même temps à la possession inaliénable.

Un état cadastral nouveau inscrirait tous ces domaines.

Comme correctif, l'extension de la propriété au-delà de l'hectare et une condamnation infamante feraient perdre cette intangibilité.

Il va sans dire que seuls les ouvriers français, nés français, jouiraient du privilége.

Les finances de l'Etat n'auraient certainement pas beaucoup à en souffrir et il n'est pas difficile de deviner ce que le travail agricole y gagnerait.

Ces maisons ouvrières créeraient une légion de patriotes qui, tout pauvres qu'ils seraient, se sentiraient heureux en songeant à cette petite patrie qu'ils auraient dans la grande.

Voilà pour l'avenir de l'agriculture française une assurance toute trouvée.

Question Constitutionnelle.

Les temps un peu troublés que nous traversons rendent pour certains la Révision désirable, pour beaucoup d'autres redoutable.

Désirable ou redoutable, il suffit qu'elle soit possible pour l'examiner.

Je serai bref, trois points seulement me paraissant appeler des modifications.

1º La présidence.

Tout le monde souhaite que la nomination du premier magistrat de la République ne soit plus à la merci d'une intrigue de couloir.

D'autre part, les républicains doivent la mettre à l'abri d'un coup de main césarien.

La solution déjà proposée et entrevue est l'adjonction des présidents et vice-présidents des conseils généraux aux électeurs présidentiels du Parlement.

La base électorale s'élargit sensiblement, l'intrigue perd ses moyens, le suffrage universel trouve des garanties.

Il ne resterait qu'à prévoir le mode et le délai de convocation.

2º Le Sénat.

Tel qu'il est, c'est pour le Parlement une machine à conflit, pour le suffrage universel une machine à confiscation.

La solution vraiment démocratique c'est sa suppression.

N'y comptons pas, puisqu'il faudrait le suicide par persuasion. L'opération est difficile à obtenir de la part d'invalides et d'entêtés du pouvoir.

3º Le Parlement.

Le seul moyen, pour le suffrage universel, non seulement de régner, mais de gouverner, consiste dans une Chambre unique.

Les décisions pour ainsi dire souveraines d'une semblable puissance effraient le plus grand nombre.

Rares sont ceux qui, en le subissant, veulent que le suffrage universel impose ses décisions.

Il peut se tromper et amener des situations difficiles. Mais quel est le roi, quel est le maître qui peut se vanter d'échapper à l'erreur et à la surprise.

S'il se trompe, comme c'est possible, comme c'est son droit, il en supportera momentanément les conséquences et profitera de la leçon. Au prochain scrutin tout rentrera dans l'ordre.

On peut concevoir une chambre unique réélégible par tiers tous les ans. Les élections partielles seraient supprimées et rapportées à chaque renouvellement.

Dans cette fréquence, le suffrage universel puiserait l'autorité et acquerrait la maturité. La régularité de ce mouvement assurerait les affaires. En même temps les travaux de la Chambre deviendraient efficaces par une sorte de continuité acquise à ses travaux, et les députés, ne comptant plus sur le *veto* du Sénat, n'émettraient plus des votes platoniques et fantaisistes.

Resterait, pour la stabilité, à supprimer la chasse au portefeuille, d'où les agitations stériles.

La politique reçoit son impulsion du ministère de l'intérieur et des affaires étrangères; les affaires reçoivent la leur de tous les autres ministères.

Seuls les deux premiers seraient attribués aux députés, le choix du président étant guidé par une liste de trois noms, pour chacun d'eux, que dresserait la Chambre au scrutin secret. Les députés ne pourraient avoir les autres portefeuilles, qu'un décret du président confierait à des hommes spéciaux.

La direction du ministère, c'est-à-dire l'ordre de ses travaux, serait donnée, comme une sorte de présidence, au ministre de l'intérieur.

La responsabilité deviendrait individuelle et le vote de défiance désignerait le ministre atteint.

Nous n'aurions pas de la sorte des intrigues aussi palpitantes, mais on voit ce que les affaires y gagneraient.

Quand chacun fera son métier, nous n'en serons pas moins bien gardés.

Mais tous les projets et tous les Siéyès du monde n'empêcheront pas le Sénat de se croire seul sage, seul nécessaire, et de mettre son rôle et sa conservation au-dessus de tout. Le suffrage universel ne lui dit rien de bon, mais si bien la poigne des archanges Ferry et Constans.

L'histoire montre que quand un Sénat disparaît, c'est toujours dans un effondrement général.

Conclusion.

Je m'arrête, les points examinés m'intéressant plus particulièrement.

Je ne veux cependant pas clore mes observations sans protester contre toute atteinte à la liberté de la presse.

A chacun de se garer contre sa partialité et sa vénalité.

Ce qu'il y a d'excessif dans les attaques de la presse, le peu de moralité et de sincérité d'un grand nombre de journalistes, le scandale à jet continu, la diffamation systématique, ces vices et d'autres encore n'empêchent pas que, dans son contrôle incessant, gît le salut d'une démocratie ; dans ce contrôle à outrance réside pour le peuple le moyen de tout voir et de tout savoir, et, pour ceux qui veulent le tromper et l'exploiter, l'obstacle insurmontable et la puissance vengeresse qui tôt ou tard les atteint.

La République n'est rien si elle n'est pas la liberté.

Critiquer les abus est lui rendre service.

C'est, en même temps, démasquer les bénisseurs attitrés qui s'organisent autour du pouvoir sous forme de société d'admiration mutuelle, distribuant candidatures, honneurs et emplois.

Ces meneurs de l'orthodoxie n'aiment pas les revendications. Leur programme actuel tient dans une ligne : loi scolaire, loi militaire.

Si c'est pour eux une spécialité, ce n'est pas là une propriété.

Partisan résolu de l'égalité devant la loi, nous les voulons comme eux, non point pour en faire un engin de guerre et de candidature, mais bien un instrument de paix et de liberté. Cependant, messieurs, il faut autre chose, ce n'est pas de ces lois que soupe le peuple.

Adeptes ou adversaires de la République, les vieux politiciens nous retiennent un peu dans l'ornière. Laissons-les y, sortons-en.

Place à d'autres plus neufs, plus libres, plus dégagés des compromissions et des lieux communs.

A bas les petites chapelles qui opèrent au grand jour ou dans l'obscurité.

Profitant des leçons du passé, les députés nouveaux devront briser les idoles pour aller au vrai Dieu, non point celui d'Israël, mais celui de tout le monde.

Le Dieu de tout le monde veut la large défense de l'intérêt public, le maintien de l'ordre, le respect de la liberté, l'extension de la justice sociale.

Dr L.